A. KALVEZ

SAINT CONWOION

PREMIER ABBÉ DE REDON

Prix : 50 centimes

REDON
L. GUILLET, IMPRIMEUR-LIBRAIRE
1868

SAINT CONWOION

Premier abbé de Redon

SAINT CONWOION

PREMIER ABBÉ DE REDON

Au moment où la ville de Redon s'unit dans un élan de reconnaissance pour offrir une statue à son fondateur — tandis que l'Eglise se dispose à rendre, dans quelques jours, au vieux saint Breton les cérémonies du culte, — nous croyons que cette humble notice n'est pas inutile. Aucun biographe moderne n'a encore retracé la vie de S. Conwoïon. L'histoire et la poésie ont laissé de côté cet apôtre du IXe siècle. Nous n'avons pas la prétention de combler une lacune historique ; nous voulons seulement rappeler à la vénération des Redonnais un personnage encore vivant dans leurs souvenirs, en publiant ces notes extraites des prolégomènes du cartulaire, et des hagiographes Mabillon, Albert-le-Grand et Lobineau.

Nous suivrons l'ordre chronologique des faits ; nous aurons successivement à louer l'humilité du prêtre, la persévérance du bénédictin, l'habileté de l'homme d'Etat. Car S. Conwoïon réunit tous ces caractères. Archidiacre d'une antique métropole, abbé d'un des plus importants monastères d'Occident, ambassadeur à Rome et honoré par le pape Léon IV d'une haute marque de faveur, ami d'un des chefs les plus respectés de la Bretagne, Nominoé, et son envoyé près du fils de Charlemagne, Louis-le-Débonnaire, il appartient à la religion, à la légende, à l'histoire. La religion a consacré ses vertus ; la légende rajeunit sa mémoire : que l'Histoire apprenne à répéter son nom !

I

Il naquit à la fin du VIIIe siècle à Comblessac, aujourd'hui commune du département d'Ille-et-Vilaine, mais, à cette époque, paroisse du diocèse de Saint-Malo. Issu d'une noble origine, puisque Conon, son père, appartenait à une famille sénatoriale, appelé par ses vertus et son éloquence aux dignités de l'Eglise, il reçut, jeune encore, des mains de Raynarius, évêque de Vannes, le titre d'archidiacre. Il remplit pendant quelques années avec zèle les devoirs que lui imposait cette charge importante. Mais bientôt dégoûté des honneurs et de la gloire mondaine, ambitionnant une perfection chrétienne qui lui semblait peu conciliable avec un ministère séculier, désirant d'ailleurs, dit l'hagiographe, se livrer en paix à l'étude de la vraie philosophie, il résolut de quitter Vannes et de se retirer, loin du monde, dans une retraite isolée. Suivi de cinq prêtres désireux comme lui, d'embrasser la vie monastique, appelé par eux et malgré ses vœux modestes, à l'honneur de les guider dans la voie qu'ils allaient suivre, revêtu de la dignité d'abbé — alors réservée aux supérieurs de communautés — il partit de Vannes pour chercher dans ce diocèse un lieu propre à ses pieux desseins.

II

Il s'arrêta sur les limites du pays de Vannes, au confluent de la Vilaine et de l'Oult, dans un endroit appelé *Ros* ou *Roton*, où s'élève aujourd'hui notre ville ; mais alors on n'y voyait que quelques pâtres gardant leurs troupeaux : pas de cultures, une forêt ; pas de pâturages, un marais ; pas de maisons, quelques huttes de feuillages ; des deux côtés, à l'est et à l'ouest, deux rivières roulant entre les roseaux leurs eaux boueuses. Partout la solitude, la paix, le silence.

Et pourtant bien des habitants avaient déjà passé sur ce petit coin de terre, traversé ces fourrés sombres, navigué sur ces fleuves, fait dans ces plaines la guerre où la chasse, et laissé leur poussière sur ces côteaux. Aujourd'hui encore, après tant de siècles, nous pouvons suivre leurs traces et admirer, en contemplant leurs menhirs de granit, la foi profonde et le respect d'un peuple qui, — comme on l'a dit avec tant de justesse, — n'écrivit son histoire qu'avec des tombeaux. Leurs monuments nous effraient encore par leur masse, et nous frappent par leur nombre si grand encore, malgré les anathèmes réitérés des conciles (1)

---

(1) Nous nous bornons à citer ce texte du concile tenu à Nantes en 658.

XX. Les Evêques et leurs ministres doivent employer tous leurs soins à faire arracher et consumer par le feu les arbres

Après les Celtes, les Romains étaient venus, semant sur notre territoire leurs villas et leurs temples ; pendant quatre siècles, ils avaient pesé sur la Bretagne du poids de leur puissance et de leur civilisation ; puis ils avaient disparu, remplacés — comme le prouveront les noms que nous aurons à citer, — par l'élément Breton, et quant à leurs ruines... la forêt avait jeté sur elles ses feuilles mortes, le gazon son manteau de verdure, et le temps son manteau d'oubli.

En reprenant ainsi ses droits sur une civilisation factice, la nature n'avait rien perdu de sa beauté : lisez cette description des environs de Redon faite au moyen-âge par un disciple de S. Conwoïon :

« C'était, dit-il, une ravissante solitude où venaient confondre leurs eaux deux nobles fleuves. Sa position naturelle est si avantageuse que dans toute la Bretagne *galo*, nulle contrée ne l'emporte en agrément. Des montagnes, dont l'élévation la rapproche du pôle, lui forment comme une ceinture de remparts ; une grâce délicieuse embellit ce séduisant coin de terre. » (1)

---

consacrés aux démons, à qui le peuple rend des hommages superstitieux.... Il y a aussi des *pierres* dans les lieux abandonnés et couverts de bois à qui le même peuple trompé par les mauvais esprits, rend ses hommages.... il faut les enlever toutes jusqu'à leurs bases qui sont enfoncées dans la terre, et les mettre dans des lieux où leurs adorateurs ne puissent les trouver.... Que ceux-ci soient retranchés du sein de l'église et avant d'y rentrer, fassent une pénitence convenable. *Deric*, hist. ecclés. IV. 307.

(1) Vit. S. Conw. ap Mabillon.

III

Conwoïon fut frappé de la beauté de ce paysage. Il gravit la colline de Beaumont, et se mit en prières, pour demander à Dieu de l'inspirer dans le choix de sa retraite. Aussitôt, il crut voir une croix de feu tomber du ciel, et se poser sur l'endroit qu'occupe aujourd'hui le chœur de l'église paroissiale. Voyant dans ce miracle la manifestation de la volonté divine, il se releva et se mit en marche avec ses moines pour obtenir du *Mactyern* Ratwili, propriétaire de ce lieu, la concession de Roton.

Ce prince habitait alors le manoir de Lis-fau, dans la paroisse de Sixt-le Martyr, et, assis près d'une fontaine, suivant l'usage antique, il rendait la justice, lorsque les moines se présentèrent devant lui.

Il y a dans le transsept de l'église Saint-Sauveur un tableau qui représente cette scène. Au premier plan, Ratwili présente à S. Convoïon, dont la tête est entourée du nimbe (1), l'acte de cession du territoire de Roton; sa fille guerie, — dit la légende, — par les prières des religieux, est assise à sa droite, et, debout à sa gauche, son fils Catworet ratifie la donation faite par son père. Derrière lui, au second plan, se tiennent, à l'ombre de grands arbres, les témoins du contrat : Cumian, Catlon, Mainworon, et quelques autres Bretons. De l'autre côté de la toile, sont groupés les moines Leuhemel, Gwencalon, Conhouarn, Condeloc et Tethwiu. Un ciel

---

(1) C'est par erreur que les historiens et l'acte de restauration du culte ont dit que, dans ce tableau, S. Convoïon était représenté avec l'*auréole* ; il n'a que le *nimbe*.

sombre jette à l'horizon, sur les collines, un voile de brume. Certainement on peut reprocher au peintre quelques détails mal traités, pas assez de jeu dans certaines physionomies, le vêtement des bénédictins qui, suivant les règles de l'ordre, devrait être d'une couleur noire ; mais il n'en est pas moins vrai que ce tableau donne une idée de la scène qui dut se passer au IXe siècle sous les hêtres de Lisfau, et qu'il laisse à l'âme une impression religieuse et mélancolique.

Cette impression, nous l'avons éprouvée nous-mêmes, lorsque, il y a quelques années, nous parcourûmes pour la première fois le pays de Sixt. Nous fûmes frappés de l'aspect étrange de ce pays sauvage, entrecoupé de rochers et de châtaigniers, plein de légendes, de chansons, de souvenirs frais comme ses vallons ou tristes comme ses bruyères. Nous voulions visiter en pèlerins la demeure du vieux *Mactyern* Ratwili : nous la cherchâmes en vain. Du manoir de Lisfau, du château habité par le prince, des maisons qui renfermaient ses *servi*, ses *colori*, ses *heredes*, il ne reste que quelques pierres enfouies sous les broussailles. Seule, humble, mais aussi pure après dix siècles, la fontaine, témoin de la donation de Redon, coule en murmurant sous la mousse.

IV

A peine les religieux furent-ils revenus à Roton, pour prendre possession du territoire concédé par Ratwili, que des seigneurs voisins, jaloux de la donation, résolurent d'en empêcher l'exécution. Ils renversèrent les bâtiments du monastère qui commençait à s'élever sur les bords de la Vilaine, menacèrent les religieux eux-mêmes, et tâchèrent de les perdre dans l'esprit du duc Nominoé, en les représentant comme envahisseurs d'un sol usurpé.

Nominoé tenait alors sa cour dans son château de Bot-Numel. Et ce fut là que Leuhemel, envoyé par Conwoïon pour plaider sa cause devant le prince, comparut en présence d'une nombreuse assemblée.

« Envoyé, dit-il, vers votre grandeur, par l'abbé Conwoïon et les moines, nos frères, je viens vous demander au nom de Jésus-Christ et pour le salut de votre âme, votre appui et votre protection. Nous avons choisi un lieu désert, et nous voulons y bâtir un monastère pour y demander à Dieu chaque jour le salut de toute la Bretagne; mais quelques méchants seigneurs du voisinage qui ne craignent ni Dieu ni les hommes, veulent s'opposer à nos desseins. Et pourtant ce n'est ni la crainte de la misère ni l'ambition des richesses qui a rassemblé à Roton Conwoïon et ses frères ; c'est le désir d'entrer en possession de la patrie céleste. Dieu n'a-t-il pas dit dans l'Evangile : Quiconque abandonnera pour moi son père, sa mère, ou ses fils, ou ses biens, en sera recompensé au centuple et possèdera la vie éternelle. »

A ces mots, l'adversaire de Dieu, et l'ennemi des moines, Illoc se lève au milieu de l'assemblée, et s'adressant au prince :

» O Seigneur, ô prince, dit-il, n'écoute pas les paroles de cet homme et ne te laisse pas influencer par tous ses discours. Il est à moi le lieu, dont ces intrus se sont emparés ; il m'appartient par droit d'héritage. »

En entendant ces propos, Nominoé fut saisi d'une violente colère, et se tournant vers Illoc :

« Dis-nous, ennemi de Dieu, s'écrie-t-il, vaut-il mieux que ce lieu soit occupé par des impies et des voleurs ou par des prêtres de Dieu, hommes saints et justes qui chaque jour implorent du ciel, sans se lasser, le salut de l'univers. »

Puis s'adressant à Leuhemel, le prince pric le religieux de lui faire connaître, en présence de l'assemblée qui l'entoure, ce qu'étaient Conwoïon et ses disciples :

« Glorieux prince, répond Leuhemel, Conwoïon est fils d'un homme d'une haute noblesse, Conon, de la paroisse de Comblessac et d'une famille de sénateurs. Depuis son enfance jusqu'à ce jour, il a consacré sa vie à méditer les saintes écritures, à veiller, à jeûner, à lire, à écrire, ou à travailler de ses mains. D'ambition, de puissance mondaine, il n'en a jamais eu : car ses jours et ses nuits sont employés au service de Dieu. Avec lui habitent plusieurs religieux : l'un d'eux, Gwencalon, homme d'une grande sainteté et d'une famille noble, avant de se réunir à nous se trouvait mêlé aux affaires du siècle. Malgré les instances du comte Rorgon dont il était l'ami intime et l'indispensable conseiller, il a cru devoir, pour sauver son âme, renoncer à tous les biens et à tous les honneurs du monde. Condeloc, prêtre du Seigneur, et fort aimé jadis du comte Guy, deux autres prêtres, Conhouarn, et Tethwiu, et enfin moi-même qui ne suis pas dépourvu de toute science dans les saintes écritures, tels sont les autres disciples du pieux Conwoïon. (1) »

---

(1) Vie de S. Conwoïon : nous nous sommes souvent servi de la traduction de M. A. de Courson, Hist. des peuples Bretons I. 327 et suiv.

Le procès des religieux était gagné ; mais ils n'étaient pas encore à couvert du ressentiment d'Illoc, qui, menaçant de les mettre à mort, revint furieux à son habitation située dans le voisinage du monastère, et peut-être dans le lieu même qui, aujourd'hui faubourg de la ville, a conservé son nom : le bois d'Illoc, *Coed-illo.*

V

Bientôt cependant le bruit d'une guérison miraculeuse opérée par les prières des moines, les craintes superstitieuses de leurs ennemis, et, plus que tout cela sans doute, l'appui bienveillant et avoué du prince Nominoé mirent un terme à ces prétentions jalouses. Alors, délivré des tracasseries de ses voisins, Conwoïon put s'appliquer tout entier à l'édification de son monastère. Il avait, dès son arrivée à Roton, construit et dédié à saint Etienne un oratoire de feuillage : il le remplaça par une importante église qu'il consacra au Sauveur des hommes, resté depuis lors patron de la ville ; il bâtit des logements pour les religieux, pour leurs serviteurs, pour les pélerins étrangers, et, pour exécuter ces travaux importants, fit venir et groupa de nombreux ouvriers autour des bâtiments claustraux.

Ce fut alors que les disciples de Conwoïon qui n'étaient affiliés à aucun ordre monastique, adoptèrent la règle de S. Benoît. Nous avons recueilli une légende locale, qui peut-être rappelle ce fait.

VI

Il existe, non loin de Redon, derrière ce rideau de collines qui limite, en l'abritant des vents du nord, la commune de Bains, dans une riante vallée encadrée de rochers arides, au bord d'un ruisseau bordé d'aunes, dans le village de Trobert, en Renac, un ermitage en ruines et, sous de grands ifs religieux, une petite chapelle dédiée à S. Fiacre. Interrogez les plus vieux habitants du hameau : ils vous diront qu'au temps du fondateur de Redon, il y avait là un pieux anachorète, que, chaque semaine, le bienheureux Conwoïon venait visiter ; ils vous montreront la fontaine miraculeuse encore aujourd'hui, dont l'eau limpide servait alors à désaltérer les deux saints ; la pierre plate où ils aimaient à s'asseoir pour converser ensemble ; le rocher dont l'écho répétait leurs cantiques. Et, si vous gravissez le côteau, vous verrez courir à travers la lande le sentier blanc qui conduisait de l'abbaye de Redon à l'ermitage de Trobert ; vous le reconnaîtrez encore après tant d'années ; car, malgré bien des tentatives, il n'a pu être effacé du sol par les travaux des agriculteurs du pays. Il résiste à la charrue qui ouvre son sillon dans les bruyères voisines. Blés, arbres, ajoncs même refusent d'y croître, et le saint, — qui *revient* encore souvent sur cette route, — peut la suivre sans s'égarer. Dieu montre ainsi à son serviteur la protection toute spéciale qui, du vivant de Conwoïon, le garantissait de tout danger. Ne voit-on pas en effet sur la lande voisine un chien que l'abbé de Redon, impuissant à le repousser, changea en pierre, et qui, depuis lors, resté à la même place, gueule béante, porte encore le nom de la Roche-Aboyant ? n'est-ce pas tout près de là, sur le tumulus de Boëd'hors, que, chaque hiver, à la Toussaint, quatre évêques, vêtus de deuil, viennent psalmodier les prières des morts, et ces monuments mégalithiques de Gwerchemen, (1) *ces pierres à la Vierge* ne rappellent-elles pas, par leur nom même, un souvenir des temps qui ne sont plus !..

Oh ! ne riez pas de ces naïves légendes qu'on respire, comme un parfum, dans toutes nos campagnes bretonnes, et qui, depuis des siècles, de bouche en bouche voltigent, durant les veillées d'automne, à côté de la flamme du foyer ; saintes croyances d'un peuple plein de foi ; anneaux de cette chaîne mystérieuse que le temps allonge sans cesse, mais que la tradition toujours vivante parcourt, comme un courant électrique et que la pensée aime à remonter d'âge en âge, jusqu'à nos pères, jusqu'à Dieu ! Etudiez les récits de nos rustiques rapsodes, et vous aurez plaisir à les retenir, et — après la poétique histoire des vieillards de Trobert, — vous trouverez bien pâle la prose — assez mauvaise d'ailleurs.— de l'hagiographe Bénédictin.

VII

Voici comment il raconte l'introduction dans le monastère de Redon de la règle de S. Benoit :

---

(1) Vierge. *Gwerch*, en breton, *men*, pierre.

« Il y avait aux extrémités de la Bretagne un ermite nommé Gerfroy, qui, après avoir pratiqué les observances bénédictines de la vie cénobitique à Saint-Maur sur Loire, en Anjou, s'était retiré dans cette solitude où, au rapport d'Odon, abbé de Saint-Maur, dans son livre de l'Etablissement de ce monastère, ce pieux ermite avait passé vingt ans dans les rigueurs d'une sévère abstinence... Ce saint homme n'avait pour toute compagnie... qu'un autre solitaire nommé Fidweten. Gerfroy fut inspiré d'aller trouver un troupeau fervent, mais encore incertain du genre de vie auquel il devait se fixer.... Conwoïon, averti de son arrivée, alla au devant de lui avec toute sa communauté. Ces hommes qui paraissaient déjà si avancés dans la vie spirituelle n'eurent point de honte d'avouer qu'ils étaient encore novices, et de se soumettre à la conduite de celui que Dieu leur envoyait pour les instruire de la plus parfaite de toutes les règles. Gerfroy remplit tous les devoirs de sa mission ; et, après avoir demeuré deux ans à Redon, il s'en retourna dans son monastère de Saint-Maur, finir ses jours dans l'obéissance qu'il avait enseignée aux autres. » (1)

La règle de S. Benoit exigeait pour la fondation d'une abbaye un chiffre de douze moines au moins. Conwoïon les avait déjà recrutés, en réunissant aux cinq premiers disciples qui avaient suivi ses pas, six autres religieux, et, tous, comme leur nom l'indique d'une origine bretonne (2) Arthwolau, Budworet, Com-

---

(1) D. Lobineau, vies des saints de Bretagne.

(2) Aux amateurs de philologie, nous recommandons dans l'abbé Déric (Hist. ecclés. de Bret.) des étymologies Bretonnes fort curieuses, même après les curieuses absurdités de Le Brigant.
Parmi celles qui nous intéressent nous citerons les suivantes,

delu, Comneur, Guethenwion, et Rioguen. Mais chaque jour de nombreux prosélytes venaient au monastère implorer la faveur d'être admis au nombre des moines, ou du moins les prier d'offrir à Dieu leurs aumônes et leurs supplications.

Ratwili lui-même, le premier bienfaiteur de l'abbaye, s'étant trouvé malade, se fit porter à Redon, y fit prendre l'habit monastique à son fils Catworet, et, guéri par l'intercession de S. Convoïon, lui fit don de sa terre de Binon en Bains. Beaucoup d'autres seigneurs Bretons imitèrent la libéralité du vieux Tyern, et par leur appui et leur influence firent entrer ce monastère dans une voie de calme et de prospérité.

VIII.

Mais le puissant et le plus adroit des défenseurs de l'abbaye naissante, ce fut — nous l'avons déjà dit — Nominoé. Ce prince, en agissant ainsi, avait un but

---

où la syllabe *Com* ou *Con* revêt successivement toutes les significations :

Convoïon : con, chef ; boi, poi, ou voi, grand ; ô, indicatif de mérite : *très-grand chef*.

Cunhoiarn : con, beau ; ô, très ; arn, au-dessus ; *fort au-dessus de beau, ou très-beau*.

Comblessac (Cambliciacus) : com, habitation , blich ou brich, frontières : *lieu habité qui sert de frontières*.

Concoret : con, suite ; cor, forêt ; et, belle : *suite d'une belle forêt*.

Pourquoi n'avoir pas adopté les significations les plus naturelles : *Cun-Houarn*, homme de fer ; *Comb-bleiz-ac*, la vallée aux loups ; *Gwen-calon*, le cœur blanc, etc.

plus politique que religieux. Noble de naissance, ambitieux de caractère, ayant la bravoure du soldat, l'adresse du diplomate, et l'entêtement proverbial du Breton, revêtu, jeune encore, de la charge importante de lieutenant de l'Empereur, il rêvait d'accomplir par son habileté l'œuvre que Morvan avait tenté par la force, l'indépendance de son pays, pour régner, chef suprême sur sa patrie affranchie. Il préparait ses moyens d'action avec persévérance en flattant les sentiments nationaux ; il avait accueilli avec joie les demandes de Conwoïon, parce qu'il avait compris que, sur les bords de la Vilaine, cette frontière naturelle de l'Armorique, et à Redon, qui commande cette limite, il serait heureux de trouver plus tard un puissant secours. C'est ainsi qu'il attendait le moment d'agir, mais sans déclarer ouvertement ses projets, et sans rompre son serment de fidélité à l'Empereur.

Cependant ces plans avaient transpiré, sans doute, et avaient accru cette animosité instinctive, sourde, qui existait entre les Bretons mal soumis d'un côté et, de l'autre, les Franks envahisseurs du sol ; division profonde, innée, naturelle, qui, à cette époque, était encore latente, si je puis le dire, mais se manifestait cependant à tout propos et en toute circonstance; nous en aurons la preuve en parlant des voyages de Conwoïon vers Louis-le-Débonnaire, lorsque le saint abbé alla demander, pour les concessions faites à son monastère, la ratification de l'Empereur.

IX

Conwoïon trouva le Débonnaire en Aquitaine, dans son château de Joac, sur le territoire de Limoges, où l'armée impériale se trouvait réunie. Mais comme il cherchait à obtenir une audience du prince, deux seigneurs, Recouin, comte de Nantes et de Poitiers, et Raynarius, évêque de Vannes, tous les deux ennemis du religieux Breton, le premier par son origine franque, le second par animosité personnelle pour son ancien archidiacre, transfuge de son église, peut-être aussi par cette rivalité jalouse qui semble parfois exister entre le clergé séculier et les ordres monastiques, s'empressèrent de le prévenir auprès de l'Empereur.

« Nous vous en supplions, seigneur, dirent-ils : gardez-vous d'écouter ces moines et de leur accorder le lieu qu'ils demandent : c'est une place fort importante pour défendre et fortifier votre royaume. »

L'Empereur prêta l'oreille à ces perfides insinuations, et, saisi d'une violente colère :

« Qu'à l'instant même, s'écria-t-il, ces hommes soient chassés de notre présence ; jamais leur demande ne sera accueillie ! »

Conwoïon ne se laissa pas rebuter par cet échec ; mais, confiant dans le Dieu qui change le cœur des rois, il partit quelques mois après pour Tours, où Louis-le-Débonnaire tenait sa cour. Il se fit accompagner d'un de ses diciples, Condeloc, et emporta avec lui, pour offrir en présent au prince, la cire des abeilles de l'abbaye.

Comme la première fois, il fut repoussé du palais ; mais en revenant à son hôtellerie, et sans être découragé par ce double refus, il disait avec douceur à Condeloc :

« Il ne faut pas désespérer : car le cœur du prince est dans la main de Dieu ; mais va au marché, et vends, pour subvenir aux frais de notre voyage, la cire que nous avons apportée. »

X

Quelque temps après, et, sans tenir compte de la mauvaise volonté de l'Empereur, son lieutenant Nominoé vint, avec quelques seigneurs bretons, visiter le monastère de Redon. Il y fut reçu, par les moines accourus à sa rencontre, au chant des psaumes et des cantiques. Ravi de ce bon accueil, il consola les religieux et leur promit son appui.

Ce fut pendant son séjour à Redon qu'il apprit la captivité infligée par les fils de l'Empereur à leur père (juin 833), et sa déposition solennelle à S. Médard de Soissons. Aussitôt, avec une habileté profonde, il saisit ce moment pour accorder, — au nom de l'Empereur réduit à l'impuissance, et pour obtenir, par les prières des moines, la délivrance de son maître, — l'emplacement réclamé par Conwoïon, et le territoire avoisinant qui forme aujourd'hui la commune de Redon, triangle limité de deux côtés par les rivières d'Oult et de Vilaine, et du troisième côté, par une ligne passant à Tournebride, où se fait le partage des eaux.

Nous traduisons cette pièce ci-dessous :

« La fin du monde approche ; les ruines qui se multiplient le présagent d'une manière trop certaine : c'est pour cela que moi, Nominoé, au nom de Dieu, lieutenant de l'Empereur Louis, considérant les sujets de plainte et les peines qu'éprouve l'Empereur Louis, notre seigneur ; en vue de mes péchés et en souvenir de la bonté de Dieu, qui a dit : faites l'aumône et vous serez purifiés de tous vos péchés ; plein de confiance dans la miséricorde de Dieu,

Par cet acte de donation, j'ai concédé à perpétuité aux moines qui habitent le monastère de Roton et y suivent la règle de S. Benoit, le territoire appelé Ros, borné, de deux côtés, par les rivières d'Oult et de Vilaine, et du troisième côté dépendant de l'antique paroisse de Bains par une ligne partant du lieu appelé Spiluc, et atteignant, par l'héritage de Wethencar, et le hameau appelé Mutsin, la rivière d'Oult. J'ai donné tout ce territoire aux moines susdits, au nom de l'Empereur Louis, avec les serfs et manants, les bois, les prairies et pâtures, les eaux et cours d'eaux, les biens, meubles et immeubles, et toutes ses dépendances. De sorte qu'à l'avenir tout ce que les moines jugeront à propos dans l'intérêt de leur communauté, ils aient la liberté et l'entier pouvoir de le faire. Ce lieu, tel qu'il est aujourd'hui ma propriété, je le cède et transporte en entier et en totalité aux susdits moines, et, pour l'Empereur notre seigneur, afin que les moines, par leurs prières, lui obtiennent l'assistance du ciel. Et s'il est quelqu'un, à dater de ce jour, qui trouve à redire à cette donation, qu'il me vienne trouver, et, s'il a des droits, je lui donnerai en échange une autre terre : car j'entends que les moines restent, en toute sécurité, possesseurs de Roton, et que cette donation, à l'avenir, soit assurée et immuable. Faite au lieu appelé Roton, la XXIe année de l'empire de Louis (18 juin 833). »

Suivent les noms des témoins, bretons pour la plupart, et — ce qui est assez remarquable, — celui de l'évêque Raynarius.

L'année suivante, quand l'Empereur eut recouvré son pouvoir, que pouvait-il faire, sinon ratifier la donation faite par son lieutenant en vue d'obtenir sa délivrance ? c'est ce qu'il fit à Attigny où il reçut un seigneur nommé Worworet et Conwoïon qui venaient le féliciter au nom de Nominoé : et deux années plus tard, à la requête de ce dernier qui venait d'accompagner le pieux abbé à Aix-la-Chapelle, où Louis se trouvait alors, il donna aux moines de Redon un témoignage de sa protection, en leur concédant la propriété de trois paroisses voisines, Renac, Platz (aujourd'hui Brains) et Arthon.

XI

Cette libéralité de l'empereur faite, dit l'analiste, « à la prière et au nom de son *très-fidèle* lieutenant, » montre la confiance que conservait à Nominoé Louis-le-Débonaire. Prince bon, mais faible, juste, mais impuissant, sans vices, mais sans vertus, de vue trop courte pour embrasser d'un regard l'immense empire fondé par son père, héritier de Charlemagne par la naissance et non par le génie, Louis, pendant vingt-sept ans, régna sans gouverner, toujours trompé par ses fils ou trahi par ses officiers. Nous en avons donné la preuve en parlant des projets de Nominoé, dont la conduite — nous croyons l'avoir dit — ne reposait que sur deux mobiles : une idée patriotique : affranchir son pays ; et une idée d'ambition personnelle : se faire le roi de toute la Bretagne. Nous avons montré la race bretonne se réunissant, pour repousser la race franque, autour du chef Breton, et attendant que la mort de l'empereur déliât son lieutenant du serment de fidélité.

Mais cet évènement vint trop tôt surprendre les seigneurs armoricains. Persuadés qu'il fallait attendre encore, ils laissèrent — sans agir — Charles-le-Chauve monter sur le trône de son père ; et Nominoé, — continuant à jouer son rôle — envoya même, avec des présents au nouvel empereur, son serment de fidélité à l'empire, (1) craignant plus être téméraire que de passer pour parjure.

Cependant cette dissimulation, nécessaire aux intentions de l'homme politique, devait peser à la loyauté du Breton. Aussi, dès l'année suivante, il leva le masque, et, après quelques incursions dans l'Anjou, le Poitou, et les comtés de Nantes et Rennes, nous le voyons aux environs de Redon, près du monastère de Ballon, en Bains, avec ses Bretons présentant la bataille à Charles-le-Chauve et ses Franks. La mêlée fut si sanglante, que même de nos jours, on en retrouve le souvenir dans les récits du pays et dans les noms de quelques villages. (2) Enfin, après deux jours de lutte, l'empereur, complètement battu, s'enfuit honteusement du champ de bataille, laissant derrière lui ses morts, ses blessés, ses équipages, et jurant de ne jamais *relancer dans leur bauge les sangliers bretons.*

---

(1) Nithard, Hist. t. II.
(2) La prairie de la Bataille, le hameau de la Poignardaie.

Pendant qu'il rentrait ainsi dans son royaume, Nominoé, arrivé à son but, se faisait proclamer roi de Bretagne. Mais il désirait qu'une consécration religieuse sanctionnât ses droits au trône, et les évêques, craignant la vengeance de l'empereur, lui refusaient leur ministère. « Alors il conçut, dit M. A. de Courson, un projet d'une audace inouïe, et dont l'exécution exigeait une habileté consommée. » Il résolut de faire déposer les évêques récalcitrants, et pour l'aider dans ses projets, il jeta les yeux sur son ancien protégé, l'abbé de Redon, Conwoïon.

XII

Ce saint homme s'était déjà plusieurs fois élevé, en présence du prince, contre la conduite peu régulière de certains évêques. Et, un jour, dans un entretien particulier qu'il avait eu avec lui au palais de Bot-Numel : « Ignorez-vous, lui avait-il dit, que la patrie est bouleversée par l'impiété de certains prélats qui font trafic des choses saintes ? » Nominoé saisit ce prétexte, et, s'étant fait indiquer, dans les livres saints, les passages qui condamnent la Simonie, dans un synode d'évêques, il accusa quelqu'uns de leurs frères, et, surtout Suzannus de Vannes et Félix de Quimper, franks comme le prouvent leurs noms, et par cela même hostiles à ses projets. Malgré l'habile défense des deux prélats, il fut décidé que l'affaire serait portée à Rome, et que les deux accusés s'y rendraient.

Le prince pria Conwoïon de faire aussi ce voyage et l'abbé — sous prétexte d'obtenir du pape Léon IV le don de quelque précieuse relique, — se rendit aux désirs de Nominoé. Il se chargea d'une lettre dans laquelle le nouveau roi, après avoir imploré l'assistance du Souverain Pontife, lui exposait ses griefs contre les évêques simoniaques, et le priait d'accepter une couronne d'or, ornée de pierres précieuses. Le pape accepta ce riche cadeau, et dans une assemblée qu'il présidait, se tournant vers les deux coupables qui venaient d'avouer leur faute, mais alléguaient pour excuse leur ignorance des lois de l'Eglise : « Vous avez lu, dit-il, le texte de l'Evangile : *si le sel perd sa force, avec quoi la rétablirez-vous ?* c'est-à-dire, si l'évêque se trompe qui l'instruira ?... Tous les canons le prononcent : l'évêque simoniaque sera déposé. » Puis, répondant à Nominoé, le Souverain Pontife lui permit de prendre le titre de duc et de ceindre la couronne...

Nous ne rappellerons pas la suite de cette affaire : la réunion des seigneurs convoqués au château de Coet-Louh par Nominoé ; le nouvel aveu et la déposition publique des évêques ; la nomination d'abbés bretons à leurs siéges vacants, par le prince, usurpateur des droits de l'Eglise et violateur des décrets du concile ; sa campagne contre les Franks ; enfin sa mort subite, regardée par les chroniqueurs comme une vengeance de Dieu. Tous ces faits, nous les laissons à l'histoire qui les réclame, pour revenir à l'abbé de Redon.

Conwoïon avait été reçu avec faveur par Léon IV ; gratifié d'une riche chasuble, il avait, en outre, rapporté à son monastère le corps de saint Marcellin, pape et martyr ; il le déposa dans la basilique Saint-Sauveur auprès du corps de saint Apothême ou Hypothémius, évêque.

Cette dernière relique avait appartenu à l'église d'Angers, d'où elle avait été enlevée une nuit par les moines de Redon.

Nous n'avons pas à apprécier ce fait ; mais la piété naïve des religieux, la simplicité de leur foi, leur désir d'avoir à présenter au culte des fidèles une sainte et précieuse relique nous semblent l'expliquer, — non l'excuser.

XIII

Nous sommes arrivés à une époque de prospérité pour l'abbaye de Redon. Conwoïon avait achevé son œuvre : autour de l'église, de nombreux bâtiments, autour de la concession de Ratwili, de nombreuses donations l'avaient successivement accrue, enrichie, agrandie. Ses possessions s'étendaient déjà dans toutes les paroisses voisines, dont le plus grand nombre existait avant la fondation du monastère, et parmi lesquelles nous pouvons citer Baius, Brains, Langon, Renac, dans l'Ille-et-Vilaine ; Ruffiac, Peillac, Carantoir, dans le Morbihan ; Avessac, Plessé et Guérande, dans la Loire-Inférieure. (1)

---

(1) Le cartulaire de l'abbaye édité par M. A. de Courson renferme sur toute cette époque des renseignements fort intéressants sur les lois, les mœurs, les usages des habitants du pays, et la valeur des terres, des bestiaux, des denrées ; presque toutes les chartes, comme celle de Nominoé citée plus haut, commencent par ce début solennel : *la fin du monde approche ; les ruines qui se multiplient le présagent d'une ma-*

On a beaucoup crié contre la richesse des communautés religieuses ; on a répété dans les livres, dans les brochures, dans les journaux que cette opulence avait produit d'affreux désordres : accusations banales, injustes, ou du moins étrangement exagérées, portées au moyen-âge par une princesse huguenote, la reine de Navarre, ou par un prêtre apostat, François Rabelais, et qu'ont vulgarisées plus tard, en les poétisant, La Fontaine par naïveté, Voltaire par malice, Parny par légèreté de mœurs. On a lu ces diatribes licencieuses ; on y a cru, oubliant ainsi que, dans l'intention de leurs premiers auteurs, ces livres n'étaient qu'un pamphlet protestant pour combattre les catholiques du XVIe siècle, et qu'un pamphlet, dicté toujours par l'esprit de coterie, reste souvent à côté du vrai.

Pour nous, — et tous ceux qui étudient le moyen-âge sans parti pris le reconnaîtront sans doute, — nous voyons dans ce développement successif de la richesse monastique le point de départ des sociétés modernes ; nous nous plaisons à constater les services — si méconnus — que les moines des premiers siècles ont rendus à notre époque oublieuse, en préparant les voies à notre civilisation.

Nous l'avons dit ailleurs, nous le répétons ici, — et le moine Leuhemel, que nous citions tout à l'heure, nous le rappelait en défendant Conwoïon devant Nominoé, — les religieux du moyen-âge ne se bornaient pas, — pieux fainéants, comme on les nomme, — à jeûner, à

---

nière certaine. Cette allusion à l'an mil, qui, dans la croyance des populations, d'après un passage mal interprété de l'Apocalypse, devait amener la fin du monde, se trouve même dans des documents plus anciens, puisqu'elle commence le testament de sainte Radégonde, diaconesse, morte à Sainte-Croix de Poitiers en 587 (Dict. Univ.)

prier, à veiller, à chanter des psaumes et des cantiques ; non ; ils travaillaient de la main comme un manœuvre, de la tête comme l'écrivain. Ils avaient pour armes, avec le missel et l'ostensoir du prêtre, la bêche et le marteau de l'ouvrier. Ils labouraient, ils semaient, ils plantaient, ils récoltaient ; et M. de la Villemarqué, au congrès de Redon, il y a quelques années, vous les montrait quittant la lecture des philosophes grecs pour arracher les légumes du couvent ; habitudes de recueillement, de paix, de travail intellectuel et matériel qui contrastait singulièrement avec la paresseuse inaction et la violence de leurs contemporains.

Ceci explique comment le clergé monastique a pu conserver, en l'épurant, l'œuvre des temps antiques, et sauver pour nous les restes épars des connaissances humaines, qui surnageaient encore, après les invasions, dans le naufrage des institutions impériales. Tout autre que lui eût échoué dans cette tâche. Les envahisseurs, comme les Romains, comme les Grecs, méprisaient le travail avili par leurs lois, et la féodalité qui naissait ne savait manier que l'épée du chasseur ou la hache d'armes du guerrier.

D'ailleurs chacun des seigneurs d'alors, isolé de voisins jaloux, réduit à des ressources individuelles, n'avait pas assez de puissance physique et morale. Pour refouler la Barbarie, il fallait une digue sérieuse; non pas un homme, une foule ; cette force irrésistible que Dieu a donné à l'être : l'association.

Or, n'était-ce pas une association que ces ordres monastiques si prospères du IVe au IXe siècle, que ces religieux unis par la foi, l'espérance, la charité ; par la foi en Dieu, par l'espérance d'une vie meilleure, par la charité pour leurs frères ? Multipliant leurs moyens d'action par l'association, ils se mirent à l'œuvre avec courage, avec persévérance, avec résignation. Ils défrichèrent nos landes ; ils coupèrent nos forêts ; ils assainirent nos marais ; et donnèrent ainsi à nos pères les premiers éléments d'agriculture, de science, et d'industrie ; souvent repoussés par la guerre et les invasions si fréquentes alors, mais continuant toujours, la tâche commencée ; rebutés parfois, mais jamais découragés ; travaillant toujours, et toujours infatigables ; chacun pour tous et tous pour chacun ; prenant à peine le temps de réparer leurs forces par une nourriture grossière ; et, quand la nuit venait mettre un terme aux labeurs du jour, se réunissant pour prier, pour chanter des hymnes, agenouillés sur les dalles, où la lampe du sanctuaire jetait sur leurs fronts chauves, découpée d'ombres et de lumières, la silhouette des piliers du chœur !

Voilà pourtant l'œuvre de ces moines si souvent décriés, si injustement bafoués, si odieusement calomniés ; l'agriculture créée, le commerce développé, la navigation encouragée, le sol fertilisé ; l'art élevant des temples et les peuplant de ses chefs-d'œuvre ; l'âme humaine élevée par l'étude, la philosophie épurée par le catholicisme ; la main patiente copiant, pour nous les transmettre, les livres du passé ou les archives du présent ; l'instruction répandue et les connaissances étendues ; la fraternité devant la religion et l'égalité devant le travail ; tous ces progrès, toutes ces merveilles, toutes ces étapes de la civilisation en marche : voilà ce qu'on leur doit ; voilà ce qu'on trouve sous ce mot d'une vérité touchante, d'une simplicité sublime : la communauté !

Oui, la communauté ! la vie commune, telle que l'ont rêvée tant de songe-creux, tant d'utopistes, depuis Platon jusqu'à nous ; l'association qui de nos jours produit tant d'œuvres durables, mais qui, jadis, de la religion, où elle avait puisé ses principes, tirait ses développements et son but ! l'union qui faisait la force ; la corporation sainte qui réunissait sur la même terre le laboureur avec sa charrue et le bûcheron avec sa cognée, sous le même toit le penseur avec sa plume et l'artiste avec son ciseau ! le couvent, à la fois oratoire, salle d'études et atelier ! laboratoire où, pendant le moyen-âge, notre civilisation s'est préparée ; aire féconde, d'où la pensée humaine que Dieu avait faite oiseau s'est envolée plus tard pour se réunir en bandes nombreuses sous la presse de Gutenberg et s'éparpiller aux quatre vents du ciel ; ruche bourdonnante, d'où s'échappèrent par essaims, il y a quelques siècles à peine, la littérature, les sciences, les arts et l'industrie modernes !...

Sans doute, dans les rangs de l'ordre monastique, il y a eu quelques fâcheuses, quelques malheureuses exceptions ; mais elles ne doivent pas nous faire oublier les services rendus ; elles ne se sont d'ailleurs produites que plus tard, quand le luxe se répandit à la suite de l'opulence. A l'époque qui nous occupe, au IX° siècle, il fallait agir sans cesse, veiller sans relâche ; car nul n'était sûr du lendemain ; nous allons en donner la preuve, en montrant à Redon. — dont l'abbaye, nous le disions, devenait déjà prospère, — l'arrivée d'un ennemi terrible, les Normands.

XIV.

Ces pirates — comme leur nom l'indique, — descendaient du Nord, et principalement des côtes du Danemarck, pays sauvage, idolâtre encore, trop pauvre pour nourrir tous ses habitants, et devenu, par sa position même au milieu des mers septentrionales, un repaire d'intrépides matelots. Montés sur des barques légères, endurcis par les privations et les fatigues, familiarisés avec le danger par les tempêtes qu'ils bravaient, par la religion d'Odin qu'ils professaient, ils furent pendant près d'un siècle la terreur de nos populations.

Dès 847, appelés à Nantes par un comte du pays, Lantbert, ils avaient saccagé les rives de la Loire, et s'étaient enfin établis dans une île, à l'embouchure du fleuve. De ce point, ils répandaient dans toute la contrée leurs bandes nombreuses.

L'une d'elles, forte de cinq cents vaisseaux et commandée par un chef du nom de Cedric, était arrivée trop tard pour avoir sa part du butin. Elle résolut de chasser les Normands de la Loire, commandés par Godefroid. Mais trop faible pour les vaincre, Cedric eut l'idée de demander le secours du duc de Bretagne, Erispoé, fils et successeur de Nominoé. Celui-ci y consentit, rassembla aussitôt son armée, se joignit aux Normands de Cedric, et se rua, avec son allié, sur les Normands de Godefroid dont il fit un grand carnage. Mais tandis qu'Erispoé rentrait dans ses états, et que Cedric allait se faire tuer à l'embouchure de la Seine par les franks de Charles-le-Chauve, les vaincus, avides de vengeance, réparèrent promptement leur désastre, et, remontant la Vilaine, vinrent camper à deux milles de l'abbaye de Redon. Soudain, et au moment où les moines en prières imploraient la miséricorde de Dieu, le ciel se couvre de nuages; un violent orage éclate; persuadés que le Dieu des chrétiens vient lui-même défendre son temple, les pirates se troublent, reculent effrayés; puis, désirant fléchir la colère divine, apportent à l'église S. Sauveur des présents, de l'or, de l'argent, de nombreux candélabres, les allument autour des autels, et, pour protéger le sanctuaire, placent des sentinelles aux portes du saint lieu.

Ainsi délivré d'ennemis redoutables, Conwoïon put tendre une main bienfaisante aux victimes des invasions normandes; il offrit dans le monastère un asile à un grand nombre d'illustres fugitifs, et racheta même, au prix d'un calice d'or et sa patène, la liberté du comte de Vannes, Pascweten, fait prisonnier par Godefroid. Puis, quand les pirates disparurent pour aller porter plus loin le pillage et la mort, enfermé dans son abbaye, ne s'occupant que de ses devoirs d'abbé, de prêtre, de chrétien, il assista, sans y prendre part, aux évènements politiques de cette époque. La mort sanglante d'Erispoé, frappé dans une église, aux pieds mêmes de l'autel, par son cousin, Salomon, comte de Rennes, ne troubla pas le repos du saint religieux; il semblait, par ses veilles et ses jeûnes, se préparer à quitter la terre et dégager de plus en plus son âme des liens d'un corps affaibli par l'âge et la pénitence.

Cependant une rude épreuve lui restait à subir : les Normands devaient reparaître sur les bords de la Vilaine, et, malgré la résistance héroïque d'un seigneur breton, nommé Gurwand, imposer une capitulation honteuse à Salomon, retranché sur le territoire d'Avessac.

L'abbaye de Redon fut détruite, et les bandes païennes campèrent sur ses ruines; les moines fugitifs se réfugièrent auprès du duc de Bretagne. Ils le trouvèrent bourrelé de remords, ne pouvant effacer de sa pensée le souvenir de sa victime, Erispoé; ils obtinrent de lui un de ses châteaux, situé dans la paroisse de Plélan, à l'endroit où s'élève aujourd'hui le bourg de Maxent.

Ce fut en ce lieu que Conwoïon s'exila avec les religieux qui l'avaient suivi.

Etrange destinée que celle de ce saint vieillard, élevé dans sa jeunesse aux grandeurs du sacerdoce, fondateur, puis abbé, dans son âge mûr, d'une riche abbaye, associé aux rêves politiques de Nominoé, et qui devait, à quatre-vingts ans, venir, — dans une forêt sauvage, loin de Comblessac, où il était né, loin de Vannes où il avait reçu les premiers ordres, loin de Redon, où il avait consacré à Dieu sa vie, — mourir!

Il ne tarda pas en effet à succomber : Enterré le 15 janvier 868 avec pompe, par Rivalin, évêque de St-Malo, il fut inhumé près de S. Maxent, évêque de Poitiers, dans la chapelle où reposaient Nominoé, son fils Erispoé, et Gwenwreth, femme de Salomon. Transporté à Redon par son successeur Ritcand, il fut honoré solennement jusqu'à la Révolution, et son culte, autorisé à Rome par la S. Congrégation des Rites le 28 avril 1866, a été restauré dans le diocèse.

L'hagiographe rapporte de nombreux miracles opérés par ses reliques : de son vivant même, on en cite quelques-uns, et, parmi les plus remarquables, la guérison d'un aveugle de S. Philibert, en Poitou, prévenu par une voix mystérieuse, guidé vers le monastère par un enfant, et dont les yeux furent ouverts, à la prière du saint abbé.

Ces faits et beaucoup d'autres conservés dans les légendes populaires montrent la vénération dont S. Conwoïon fut l'objet : il la mérita, nous croyons l'avoir prouvé. Comme homme politique, il nous apparaît encore brillant à travers l'obscurité du moyen-âge ; et comme saint...... l'Eglise lui rend des honneurs solennels.

En terminant, un dernier souvenir.

Au temps que S. Conwoïon était abbé de Redon, un serviteur de l'abbaye, revenant de Carantoir, où les moines avaient des possessions importantes, trouva la rivière du Rahun grossie par les pluies et la planche, qui servait de pont pour la franchir, emportée par le courant. Voyant quelques gros cailloux qui avaient roulé de la montagne, il réussit, après beaucoup d'efforts, à les pousser dans l'eau pour former une chaussée grossière. Mais, retardé par ce travail, il craignait de n'arriver au couvent qu'après l'office du soir, et d'être réprimandé par ses frères. S. Conwoïon, ayant entendu la cause de son retard, lui dit avec bonté :

« *Tu n'as pas perdu ton temps, mon fils ; ton ouvrage est imparfait sans doute ; mais d'autres viendront qui, se servant des matériaux que tu as amassés, achèveront ton œuvre pour la plus grande gloire de Dieu.* »

Puissent ces paroles — qui s'appliquent si bien à notre modeste travail, — en expliquer l'inspiration et le but !

Redon. — L. GUILLET, Imprimeur-Libraire.

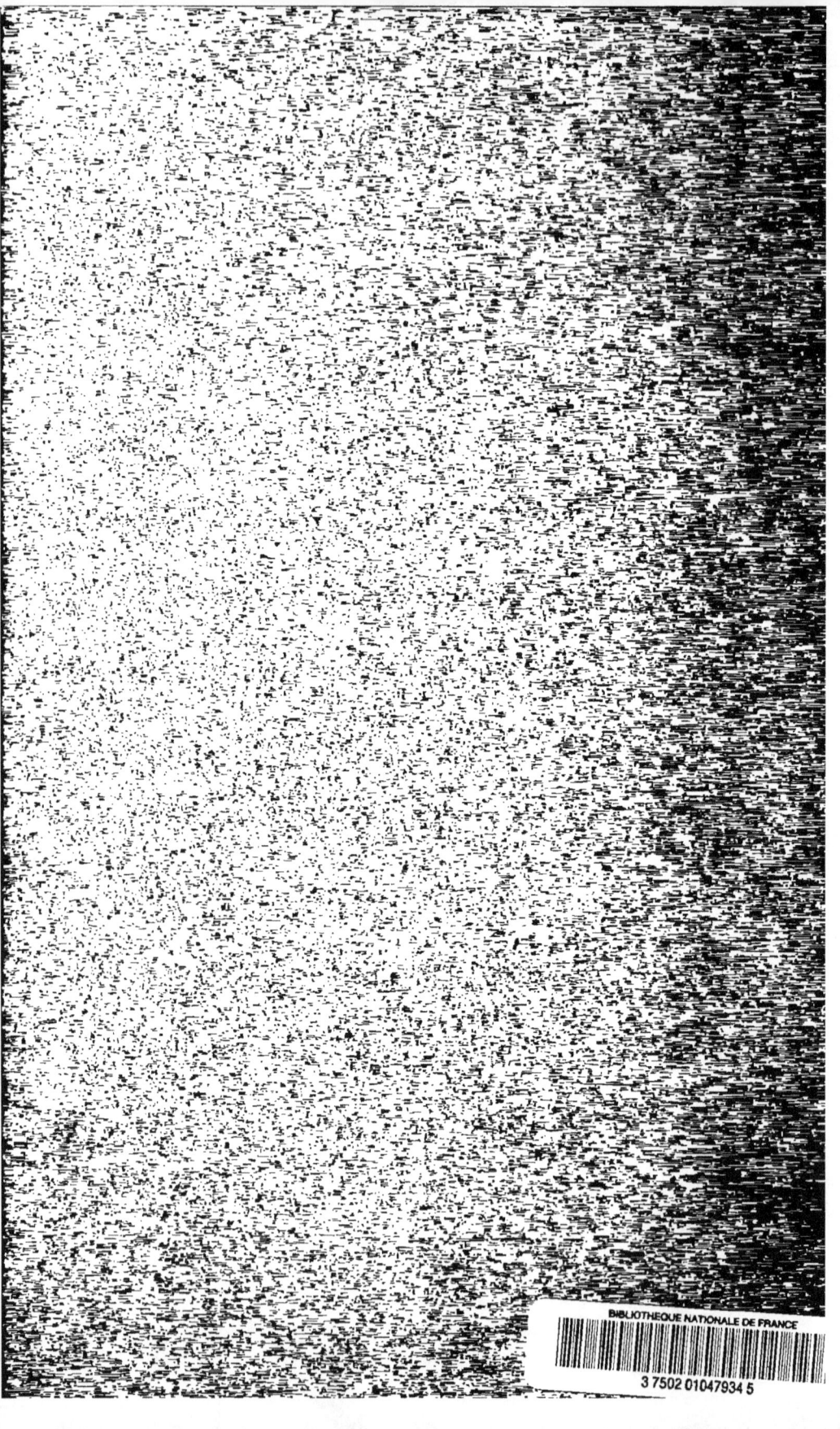

www.ingramcontent.com/pod-product-compliance
Lightning Source LLC
Chambersburg PA
CBHW060507050426
42451CB00009B/859